AF467472

COMITÉ DES PORTEURS D'OBLIGATIONS TUNISIENNES

RAPPORT

AUX

OBLIGATAIRES

PARIS
AU SECRÉTARIAT GÉNÉRAL DU COMITÉ
3, RUE CHOISEUL, 3

1868

COMITÉ DES PORTEURS D'OBLIGATIONS TUNISIENNES

RAPPORT

AUX

OBLIGATAIRES

PARIS

AU SECRÉTARIAT GÉNÉRAL DU COMITE

3, RUE CHOISEUL

Messieurs,

Vous savez que le 1er juin 1867, le tirage des obligations tunisiennes, émises en 1865, remboursables le 1er juillet, eut lieu comme à l'ordinaire; mais qu'à cette date, qui devait être aussi celle du paiement des coupons échus, vous vous êtes présentés vainement aux guichets du Comptoir d'Escompte.

Les annonces vous avaient affirmé, lors de l'émission, que des garanties spéciales seraient affectées au service des intérêts et au remboursement des obligations sorties. Engagés pour la plupart dans cette affaire sur les instances directes et personnelles de M. Pinard, vous avez alors attribué ce retard à une cause peu grave, et pensé qu'il ne serait pas de longue durée.

Deux mois s'écoulèrent sans qu'on daignât vous donner la moindre explication. L'inquiétude s'étendit des obligataires de 1865 à ceux de 1863, qui se demandèrent avec vous si le directeur du Comptoir d'escompte et M. Erlanger, au lieu de compter sur le produit des garanties énoncées pour faire face au paiement des coupons échus et au remboursement des obligations sorties, n'avaient pas plutôt songé à un troisième emprunt.

Ce troisième emprunt fut tenté; mais la maison Erlanger ne parvint à obtenir du public qu'une souscription dérisoire. Des bruits avaient couru sur la nature des rapports financiers du gouvernement de Tunis avec ses intermédiaires. On s'abstenait en attendant qu'on réclamât.

Vos démarches réitérées ne furent pas couronnées de succès. On affirmait aux uns, que le choléra interdisait aux navires de toucher le rivage tunisien et d'y prendre les piastres du Bey déjà réunies sur la rive; aux autres, que la récolte ayant été mauvaise, on allait avoir recours à des opérations particulières pour se procurer de l'argent.

Les faits, peu conformes aux indications données, se réduisaient à des annonces successives et souvent contradictoires. On publiait que des traites avaient été reçues ; que ces traites, acceptées par des personnes d'un crédit sûr, allaient être escomptées et les engagements tenus. Pendant qu'on vous donnait ces assurances, M. Pinard faisait, auprès de la justice civile, une première démarche, qui semblait avoir pour but d'obtenir une décision l'autorisant à prendre possession du revenu des douanes et du revenu des oliviers du royaume de Tunis.

A la lecture du jugement rendu, votre crainte redoubla. Il n'y avait plus à douter que l'exercice de vos droits sur le produit des garanties n'avait pas tout d'abord fait l'objet de stipulations entre le Bey de Tunis et les concessionnaires des deux emprunts, bien que pourtant le directeur du Comptoir d'Escompte vous eût formellement affirmé que les souscripteurs pouvaient tranquillement asseoir leur fortune sur ces garanties.

Ce fut alors que quelques-uns d'entre vous sollicitèrent l'autorisation de vous rassembler à la salle Herz, le 6 septembre 1867. Elle fut accordée. Le directeur du Comptoir d'Escompte reçut une invitation qui le priait de venir vous y donner quelques éclaircissements.

Vous savez dans quel ordre et avec quel calme eut lieu la réunion. Plus de six cents porteurs y assistaient, représentant plus de trente mille titres. Après la lecture d'un rapport, dont la modération mérita les éloges de tous, un comité fut élu par l'unanimité de l'assemblée. Ce comité fut composé de personnes qui, alors, ne se connaissaient pas entre elles, et dont il était impossible d'attribuer la rencontre à autre chose qu'au désir de sauvegarder leurs intérêts. Il fut convenu qu'on agirait à la fois auprès de S. Exc. le ministre des affaires étrangères de France, auprès de S. A. le Bey de Tunis, et auprès du Comptoir d'Escompte lui-même, malgré son refus de s'être fait représenter au milieu de vous. Les obligataires présents signèrent une pétition adressée au ministre.

Les opérations de votre comité commencèrent dès le 7 septembre par la remise de la pétition au ministre des affaires étrangères; par l'envoi à S. A. le Bey de Tunis d'une demande d'explications; et enfin, par la notification au Comptoir d'Escompte de notre existence officielle. Le Ministre répondit que la question des obligations tunisiennes méritait toute son attention et qu'il l'examinerait avec sollicitude. Le Bey de Tunis se préoccupa également de l'existence du comité. M. Pinard seul refusa d'en recevoir les membres et de leur fournir la moindre explication, écrivant que : « le chef du contentieux restait chargé de recevoir chaque porteur individuellement. »

Les membres de votre comité se rendirent auprès d'un avoué, et choisirent Me Nogent Saint-Laurent pour avocat. Des pouvoirs furent signés dans la forme ordinaire. Ces pouvoirs renouvelaient légalement ceux que le comité avait reçus à la salle Herz. Ils sanctionnaient de plus le choix que nous avions fait de deux d'entre nous pour suivre le procès et agir d'urgence dans le cas où ils le jugeraient convenable.

Le Comptoir d'Escompte, sommé de s'expliquer par acte extrajudiciaire, s'était renfermé dans un mutisme obstiné, lorsqu'on nous affirma qu'il existait dans ses caisses de l'argent appartenant au Bey. Nous demandâmes au président du tribunal une ordonnance pour pratiquer, dans votre intérêt, une saisie-arrêt sur cet argent. L'ordonnance fut rendue. La saisie-arrêt fut pratiquée.

M. Pinard donna alors signe de vie. Son représentant affirma que les coupons échus allaient être payés; que notre saisie-arrêt y mettait seule obstacle; car on allait recevoir le montant des traites arrivées à échéance. Nous n'avions jamais eu la pensée d'entretenir une hostilité systématique dans l'esprit de nos mandants; et, plus nous avions été étonnés de voir le Comptoir d'Escompte rester indifférent à notre intervention en votre faveur, plus nous comprenions que son directeur nous fît enfin part de ses démarches et de ses espérances.

Nous n'avions pas voulu accepter de cotisation au moment de la signature des pouvoirs. Nos délégués s'étaient engagés à faire l'avance des frais. Allaient-ils, au moment d'un arrangement amiable, vous réclamer ces frais? On leur en fit offrir le montant. Nos délégués déclarèrent que la dignité du comité ne leur permettait de l'accepter que de S. A. le Bey. Le colonel Rochaïd Dadah, qui se disait encore investi de la confiance de son souverain, en reçut l'état. M. Edmond Adam apporta l'argent. La saisie-arrêt fut levée, contre l'*engagement formel* que les coupons échus et les obligations sorties seraient payés dans la quinzaine.

Pendant que nous vous adressions une circulaire en exécution de cette promesse et que nous rendions hommage aux efforts que M. Pinard nous affirmait avoir faits en votre faveur, le syndicat des banquiers du Comptoir d'Escompte obtenait le partage, entre ses membres, des sommes rendues libres par notre main-levée, en arguant d'un traité en date du 1er janvier 1867, dont il vous sera parlé plus loin.

Rien de ce qui nous avait été promis ne s'accomplissant après ce partage, nous allions reprendre le procès en responsabilité, lorsque les porteurs des obligations de l'Emprunt 1863 éprouvèrent, le 1er novembre 1867, une déception égale à celle qu'avaient éprouvée le 1er juillet précédent, les obligataires de l'emprunt 1865.

Le banquier de votre comité prépara alors un projet d'ensemble, dont la réalisation nous semblait de nature à sauvegarder vos intérêts. L'un de nous allait partir pour Tunis afin de s'y rendre compte des moyens pratiques à employer pour le réaliser, lorsque nous apprîmes que la Banque de Crédit International, depuis longtemps en relations avec le gouvernement tunisien et ses représentants à Paris, avait noué déjà des négociations en ce sens, et que son directeur se disposait à partir pour le Bardo avec le général Elias Mussali, envoyé de Tunis à Paris pour remplacer le colonel Rochaïd Dadah comme représentant financier du Bey. Il fut décidé qu'un des deux délégués de votre comité les accompagnerait, muni de pouvoirs spéciaux, avec mission d'intervenir dans toutes les négociations et d'adhérer à leur résultat, sauf ratification de votre part. Le banquier membre du comité, s'intéressant dans l'opération, fit l'avance des frais de voyage du délégué.

Le directeur de la banque de Crédit international ayant été obligé de retarder son voyage, et l'intérêt des porteurs exigeant que les dispositions du gouvernement tunisien fussent connues promptement, le délégué de votre comité partit seul.

II

Le colonel Leroux, des spahis, aujourd'hui retraité à Bône, procura pour interprète au délégué de votre comité, un ancien commandant de son corps, M. Allegro, ayant servi trente ans la France, et remplissant dans la province de Constantine les fonctions de consul général de Tunis, son pays natal.

Dès qu'ils furent arrivés dans cette dernière ville, le premier ministre du Bey chargea M. Allegro de prévenir notre délégué qu'il était enchanté de pouvoir s'expliquer enfin avec un envoyé des créanciers français.

Notre délégué exposa au premier ministre la situation des obligataires, réduits à ne plus avoir de confiance que dans la loyauté de leur débiteur. Il ajouta qu'il venait pour se rendre compte de l'existence des garanties qu'on avait fait briller devant les yeux des souscripteurs, des moyens d'en percevoir le produit, des causes qui en avaient empêché jusqu'alors la perception, et pour aviser enfin aux moyens de réparer les maux de tous par un accord direct du Bey et des porteurs.

Le premier ministre répondit : « Les obligataires ont raison de « ne pas douter de la loyauté du Bey et d'en appeler directement à

« lui. Les deux emprunts 1863 et 1865 ont été désastreux pour le « royaume de Tunis ; mais le gouvernement tunisien n'en professe « pas moins une profonde reconnaissance pour les obligataires, qui « ont apporté leur argent en toute confiance et ne sont pas res- « ponsables des conditions auxquelles on l'a recueilli pour le compte « de la Tunisie. Avant de conclure les emprunts, j'ai fait remarquer « aux concessionnaires que l'amortissement serait difficile dans les « conditions offertes. Les concessionnaires m'ont assuré qu'il était « de l'intérêt de la Tunisie de procéder d'abord ainsi, quitte à con- « vertir plus tard ou *à rendre facile* le rachat des titres. L'intérêt « des obligations aurait été exactement payé si le gouvernement du « Bey n'avait eu, depuis quatre années consécutives, à lutter à la « fois contre la sécheresse et contre des exigences intérieures et ex- « térieures qui ont absorbé toutes ses ressources. Dans l'enfance de « son organisation administrative, la Tunisie n'a pas pris de me- « sures pour échelonner ses engagements. Elle se trouve réduite à « acheter les renouvellements de ses créances à un prix qui en « égale parfois le montant. Quant aux garanties spécialement affec- « tées aux deux emprunts 1863 et 1865, *la force majeure en a « détruit une partie et la perception du reste n'a pas été possible.* « Les concessionnaires et M. Pinard, *au lieu d'insister pour rendre « ces garanties efficaces,* ont préféré, lors du paiement des cou- « pons, en avancer le montant à la Tunisie, à un taux que je vous « ferai connaître. La Révolution a obligé le Bey *à supprimer l'im- « pôt personnel* qui formait la garantie des obligations de 1863, et « la perception du produit des oliviers et des douanes *n'est pas ré- « gularisée* au profit de ceux de 1865. Les porteurs d'obligations « ne peuvent espérer, si les choses sont maintenues dans l'état, que « ce qui restera de disponible dans les bonnes années. Or, comme « une dette intérieure et une dette flottante énormes se présentent « invariablement avec un caractère d'exigibilité, dès que les res- « sources sont réalisées, le gouvernement tunisien n'a, dans son dé- « sespoir, qu'à s'en remettre à la Providence ou à faire appel à

« l'équitable générosité des obligataires français, pour être à même « de tenir ses engagements envers eux. »

Le premier ministre offrit, à l'appui de ces aveux, de faire adopter par ses nationaux le principe de la conversion proposée par notre délégué ; il espérait que les obligataires français l'adopteraient aussi ; mais il redoutait l'opposition des usuriers et des spéculateurs locaux qui, sans nationalité véritable, en profitent pour se placer sous la protection des consuls, et pour obtenir un appui dont ils abusent.

Notre délégué répondit au premier ministre : « Vous ne pouvez « pas être arrêté par ces considérations. Vous devez vous appliquer « au contraire à faire connaître toute la vérité. Elle ne manquera « pas de vous valoir, non-seulement l'appui des obligataires fran- « çais, mais celui des gouvernements européens qui ordonneront « une enquête et ne souffriront pas que leur pavillon couvre les « exigences de créanciers usuraires.

« Ce que désire le Bey, ajouta alors le premier ministre, c'est « reconnaître l'ensemble des dettes qu'il a contractées, sans même « en excepter celles qui ont un caractère léonin ; mais à la condi- « tion d'opposer désormais une digue à leur accroissement, en met- « tant la totalité de ses ressources à la disposition de la totalité de « ses créanciers, ce qui ne peut être obtenu que par l'unification et « l'institution d'un grand livre. Quant à la perception, le service en « pourra être confié à une Banque nationale dont la création aura « pour but de développer les éléments de prospérité de la Tu- « nisie ! »

Les choses en étaient là, lorsque le télégraphe annonça l'arrivée des représentants de la Banque de Crédit international et du fonctionnaire tunisien qui les accompagnait. Ce fonctionnaire les présenta au premier ministre, qui donna de suite au ministre des finances l'ordre d'étudier les bases pratiques des projets d'unification, de conversion et de création de la Banque nationale de Tunisie.

Pendant que les fonctionnaires tunisiens se livraient à cette étude, notre délégué et les banquiers entrèrent en communication avec le consul général de France. Plusieurs d'entre eux étaient accrédités auprès de lui par des lettres de recommandation émanant des personnes les plus honorables et les plus autorisées.

Le Consul général se contenta de dire à notre délégué que le gouvernement Tunisien n'avait pas en caisse dix mille francs; qu'il avait été obligé de livrer toutes ses garanties aux détenteurs de la dette intérieure et de la dette flottante; que la famine régnait partout; qu'on n'avait pu ni semer, ni préparer la prochaine récolte des oliviers; que les ministres du Bardo nous feraient de vaines promesses et prolongeraient indéfiniment des négociations qui ne pouvaient aboutir; que, du reste, les Consuls, protecteurs naturels de leurs nationaux établis en Tunisie, seraient d'accord pour empêcher la réussite de tout projet dont l'acceptation aurait pour résultat *d'enlever aux créanciers résidant à Tunis les garanties sur lesquelles ils avaient pu mettre la main.* Mais cependant le Consul général de France ajouta que, dans les années ordinaires, *la Tunisie peut produire au trésor du Bey de vingt-cinq à trente-cinq millions de francs,* et donner dix millions de plus si le royaume était mieux administré; et que *trois ou quatre années de bonnes récoltes lui suffiraient pour amortir entièrement sa dette.*

Notre délégué répondit : « Le consulat général est établi pour dé« fendre tous les intérêts français sur le territoire Tunisien. Le « moindre des porteurs d'obligations émises en France a autant « de droits à votre protection que le plus riche des négociants éta« blis à Tunis. La misère actuelle dans laquelle est plongée la Tu« nisie; la détresse de son Trésor; la pression exercée sur son « gouvernement pour s'emparer de toutes ses ressources et les tarir, « en les absorbant au lieu de les développer, sont autant de raisons « pour mériter votre sollicitude et pour vous engager à chercher « le remède, lors même que les conditions d'existence du pays ne « seraient pas telles que vous les constatez vous-même. Les consuls « ne peuvent qu'approuver un acte aussi juste que celui auquel le

« Bey paraît résolu, et qui consiste équitablement à répartir sur « tous ses créanciers sans exception le produit de toutes les garan- « ties dont il dispose. Vous n'ignorez pas du reste la différence qui « existe entre les droits des obligataires français, ayant loyalement « versé leur argent à des intermédiaires, et les droits des créanciers « locaux. »

En effet, le Consul général avait désigné lui-même à notre délégué les résidants à Tunis qui se sont placés sous sa protection et dont les créances sont exigées. Il en est qui n'ont pas donné 10 p. 100 de l'argent qu'ils réclament. Il en est qui ont prêté aux frères du Bey de petites sommes contre des billets du triple et même du quadruple, dont ils exigent aujourd'hui le paiement intégral en menaçant le Bey des pavillons européens.

Dans tous les cas, les représentants de la Banque de Crédit International n'ont rien négligé pour tenir le Consul au courant de leurs négociations. Ils lui ont offert même d'y intervenir dans vos intérêts, et ne lui en ont laissé ignorer aucun détail. Nous devons ajouter que notre délégué lui a justifié des pouvoirs que vous avez signés.

A *Dar-el-Bey*, palais de ville du Souverain, en présence du ministre des finances, de M. Allegro et de M. Conti, premier interprète du Ministère des affaires étrangères de Tunis, le premier ministre approuva les projets qui lui avaient été soumis. Il manifesta seulement le désir que l'on pût obtenir du syndicat des banquiers son adhésion à la conversion. Ce syndicat est porteur des Teskerès remis au Comptoir d'Escompte, en garantie d'un prêt particulier fait le 1er janvier 1867.

A propos de cette adhésion, notre délégué ne pouvait avoir d'inquiétude. Il était certain, pour des raisons à lui connues, qu'elle ne serait pas refusée; et que, de plus, on s'était engagé à fournir à la Banque de Crédit International la somme nécessaire à l'opération.

La question de la commission à accorder pour mener à bien l'opération de la conversion fut traitée en principe.

Notre délégué ne pouvait admettre qu'on fît payer au gouvernement Tunisien, pour le protéger contre le passé, des sommes aussi exorbitantes que celles qui lui avaient été demandées jusqu'alors. Les représentants de la Banque de Crédit International se rangeant à cet avis, on arrêta, que la commission ne pourrait dépasser 4 p. 100 du capital à consolider, ce qui a été religieusement maintenu dans les traités.

L'ensemble des décrets et traités reçut l'adhésion conditionnelle de notre délégué qui ne pouvait encore engager la vôtre. S. A. le Bey admit en audience solennelle tous les intéressés et leur exprima le vif désir qu'il éprouvait de voir son gouvernement mettre tout en œuvre pour donner une satisfaction légitime aux créanciers français. « Il chargeait le premier ministre d'édifier M. J. de Lesseps, son « représentant politique à Paris, sur ses intentions; et ne pouvait « douter que cet honorable fonctionnaire ne parvînt à obtenir l'ap- « pui du gouvernement impérial pour une opération dont la pre- « mière conséquence était de sauvegarder les intérêts de tous. »

Dans une dernière audience, le premier ministre remit à notre délégué une lettre du Bey pour les obligataires, ainsi que tous les documents de nature à vous faire apprécier les opérations relatives aux deux emprunts de 1863 et 1865, et les prêts particuliers du syndicat.

III

Le 6 janvier 1868, le gouvernement du Bey signait tous les décrets et tous les arrangements arrêtés avant le départ de notre délégué, non pas, comme on l'a avancé faussement, avec une seule personne, qui a même cessé, depuis lors, d'intervenir dans l'affaire, mais avec la Banque de Crédit international, et à la condition expresse que le Comité des porteurs serait admis à en surveiller l'exécution.

Les représentants de la Banque de Crédit international arrivèrent à Tunis. Ils étaient porteurs : 1° d'un décret ordonnant la création du grand-livre de la dette publique du royaume de Tunis; 2° d'un décret ordonnant la conversion des obligations 1863-1865 en rente 6 p. 100; 3° d'un décret affectant des garanties spéciales aux titres de rentes 6 p. 100 qui devaient être données en échange des obligations; 4° d'un décret qui constituait la Banque nationale de Tunisie; 5° du traité conclu entre le Gouvernement tunisien et la Banque de Crédit international pour l'exécution des décrets; 6° d'une lettre officielle chargeant M. J. de Lesseps, agent politique du Bey à Paris, de faire connaître l'opération au Gouvernement français, de lui en expliquer les avantages et *surtout* de seconder les personnes chargées de la mener à bien *par tous les moyens en son pouvoir*.

Votre comité adhéra aux décrets et aux traités, se réservant seulement d'obtenir, de la loyauté du Bey, en faveur de tous les porteurs qui ne voudraient pas du bon de participation dans les bénéfices de la Banque nationale de Tunisie, le rétablissement des cinq francs de rente dont on avait opéré la réduction.

Le premier soin des personnes chargées de l'opération fut de porter à M. Jules de Lesseps la lettre du premier ministre du Bey qui le chargeait de se mettre à leur disposition. Elles le prièrent de donner de suite connaissance au Gouvernement impérial des décrets et traités, afin que le ministère pût les contrôler avec soin et même participer à l'institution de la commission des finances tunisiennes.

M. J. de Lesseps opéra la remise des décrets et traités au ministère des affaires étrangères, qui ne fit aucune observation.

Sur la demande du représentant du Bey, on procéda à l'installation de la commission des finances tunisiennes. Trois membres de votre comité furent désignés pour en faire partie. Elle entra en fonctions, sous la présidence de M. Lefebvre-Duruflé, sénateur, ancien ministre des travaux publics, sollicité par nous de prendre en main la défense de vos intérêts et de surveiller la régularité de l'opération. M. le général Elias Mussali procéda, au nom du Bey, à l'installation de ses membres ; et M. J. de Lesseps les remercia d'avoir bien voulu accepter une tâche aussi honorable dans l'intérêt des deux pays.

Il s'agissait de préparer l'argent nécessaire au paiement des coupons échus des obligations.

La Banque de Crédit international signa un traité de rétrocession, en vertu duquel le directeur de la Banque franco-italienne demeurait seul chargé de la conversion des obligations, et s'engageait, tant pour son compte personnel, que pour le compte des maisons qu'on savait être derrière lui, à fournir, aux guichets des deux établissements, l'argent nécessaire au paiement des coupons échus.

Des annonces parurent alors, indiquant le jour où commencerait l'opération. Elles étaient revêtues de la signature des membres de la commission des finances tunisiennes et visées officiellement par le général Elias Mussali.

Le comité doit rendre justice aux banquiers chargés du paiement des coupons échus. Pas un porteur ne s'est présenté pour convertir, qu'il n'ait été immédiatement payé du premier tiers de ses coupons, et qu'on ne lui ait escompté, sur sa demande, le second et même presque toujours le troisième tiers, ainsi que le bon des intérêts.

Quant aux titres déposés, la commission des finances tunisiennes a décidé qu'ils seraient, jour par jour, après vérification et indication des numéros, mis en paquets et scellés d'un double sceau, puis déposés à la Banque de France, jusqu'à l'époque où la remise en serait faite au Gouvernement tunisien, en échange du nouveau 6 p. 100. Deux membres de la commission procédèrent chaque jour à cette formalité.

C'est alors que la maison Erlanger proposa à l'un des co-intéressés de la nouvelle opération de porter à Tunis un contre-projet, qui ne serait du reste pas le seul qu'on ait voulu opposer au nôtre.

On nous affirme que MM. Rochaïd Dadah et Pinard en ont envoyé un ; qu'au ministère des affaires étrangères il en a été déposé deux. Ce qu'il y a de fâcheux, c'est que les auteurs de ces projets semblent avoir voulu faire tourner à leur bénéfice la lettre ministérielle dont nous allons parler, tandis qu'il est évident que cette lettre n'a dû être inspirée que par le désir de sauvegarder les intérêts français en général.

Nous ne voulons pas faire d'autre allusion aux hostilités dont l'opération qui sauvegardait vos droits a été l'objet. La nature et la forme de ces hostilités vous ont édifiés sur leur valeur morale. Notre silence en fera justice. Nous vous devons seulement le récit des faits sérieux, le voici :

Le 20 février, les guichets des deux banques sont ouverts. Il est arrêté qu'aux termes des décrets, les nouveaux titres seront signés par un membre de la commission des finances Tunisiennes, par un représentant du Gouvernement Tunisien et par une personne déléguée au nom du directeur de la dette publique empêché. La date du 20 mars est indiquée pour la remise de ces titres. Les obligataires en sont avertis par des annonces signées du président de la commission et du général Mussali. Tous ces actes sont ratifiés par S. Exc. le général Roustem, ministre de l'intérieur de Tunis, qui confère souvent avec les banquiers, les membres de la commission et les délégués du comité. Des centaines de porteurs se sont présentés à la conversion ; d'autres ont fait prévenir qu'ils attendent la délivrance des nouveaux titres pour se décider. C'est alors qu'à la veille du 20 mars, S. Exc. le général Roustem et le général Mussali manifestent le désir d'ajourner la délivrance des titres nouveaux jusqu'à l'arrivée du courrier de Tunis, parce qu'ils viennent d'apprendre que le gouvernement Français a chargé son consul général auprès du Bey d'exiger le rapport des décrets et la rupture des traités.

Cette nouvelle n'était que trop vraie.

Le samedi suivant, un journal financier publiait la lettre du ministre des Affaires étrangères que tout le monde connaît aujourd'hui.

Il ne nous appartient pas de discuter cette lettre.

Nous avons seulement le devoir de faire observer, en ce qui nous concerne, que, depuis la réponse faite en termes généraux à votre pétition du 6 septembre dernier par le ministre des Affaires étrangères, nous n'avons reçu aucune communication relative à l'efficacité de l'intervention du gouvernement Français;

Que le délégué de votre comité n'en a trouvé aucune trace Tunis;

Que les décrets du Bey, dont la suppression a été demandée pendant le cours de leur exécution, ont été déposés, dès l'origine, entre les mains du Consul général de France à Tunis, au ministère des Finances et au ministère des Affaires étrangères à Paris;

Qu'il n'y a eu par conséquent rien de mystérieux dans l'opération à laquelle nous avons adhéré, rien d'ignoré par le Gouvernement, qui aurait pu interdire l'opération avant qu'elle fût entamée;

Qu'au surplus l'idée de la conversion, seule solution possible, nous est due, ainsi que l'idée de la commission financière chargée d'en assurer l'exécution loyale et sincère;

Que cette conversion a été fidèlement poursuivie par le banquier de notre comité, jusqu'au moment où le gouvernement Français a jugé convenable de la suspendre;

Que c'est à ce commencement d'exécution que l'on doit les seuls paiements de coupons qui aient été faits depuis treize mois aux porteurs d'obligations;

Qu'enfin l'opération a été conduite avec tant de circonspection et de régularité que les intérêts qui se sont confiés à nos soins seront saufs, quelles que soient les solutions obtenues par suite de l'intervention du gouvernement français, solutions qui, nous devons l'espérer, ne sauraient être ni moins favorables, ni moins promptes que celle que nous avons obtenue.

Nous ne trouvons pas extraordinaire que le ministre des Affaires étrangères de France ait jugé à propos d'adresser, au rédacteur en chef du journal financier qui a été mêlé à tant de désastres (1), sa réponse à des pétitions, dont les signataires nous sont aussi inconnus que leur peu d'importance et leur petit nombre nous ont frappés; mais nous ne pouvons nous expliquer pourquoi les *représentants élus de plus de trente mille obligations* n'ont pas même été admis à l'honneur de défendre l'opération à laquelle ils ont adhéré.

Pour mettre, du reste, M. le ministre des Affaires étrangères à même de bien apprécier la question, nous allons lui apprendre toute la vérité.

IV

Voici la vérité :

Le 10 mai 1863, M. Cernuschi, chargé des pouvoirs de M. Erlanger, signe un traité avec le gouvernement tunisien. Par ce traité, la maison Erlanger prête à ce gouvernement trente-cinq millions de francs. Sur cette somme, elle s'adjuge tout d'abord environ *six millions à titre d'escompte et de commission*. Elle versera le reste de la façon suivante :

3,000,000 fr. le 18 juin 1863.
7,500,000 » le 18 juillet 1863.
1,000,000 » le 18 août 1863.
100,000 » le 18 septembre 1863.
2,000,000 » le 7 juin 1864.
16,325,000 » le 29 mai 1865.

Pour faire face à ces paiements, elle émet, avec une première autorisation du gouvernement français, soixante-dix-huit mille six cent quatre-vingt-douze obligations à quatre cent quatre-vingts francs, ce qui lui assure encore un nouveau bénéfice de *deux millions sept cent soixante-douze mille cent soixante francs*. Voilà déjà près

(1) Emprunts Erlanger et Pinard, émission d'Auteuil, Défense du Saragosse, etc., etc.

de *neuf millions avoués* pour trente-cinq, avant même que l'opération ait commencé.

Mais le but de la fixation des paiements aux époques ci-dessus mentionnées, étant de pourvoir aux échéances d'une somme égale de Teskérès dont la maison Erlanger *connaît* les détenteurs, elle stipule qu'elle peut les présenter au gouvernement tunisien avant leur échéance, et elle prélève 3 p. 100 sur lesdits Teskérès. Or, 3 p. 100 sur vingt-neuf millions, c'est encore *près d'un million*. Nous nous abstenons, pour aujourd'hui, de dire l'origine des Teskérès et de parler *des 12 p.* 100 sur la jouissance acquise desdites valeurs.

Le gouvernement tunisien remboursera les trente-cinq millions en versant chaque année, pendant quinze ans, quatre millions deux cent mille francs, soit *soixante-trois millions pour moins de vingt-cinq millions reçus*. Qu'on se livre à des calculs sur la façon dont les intérêts devaient être payés aux obligataires ou dont les obligations devaient être amorties, et on aura la preuve que la maison Erlanger y gagnerait encore au moins une autre dizaine de millions.

Nous allions oublier une commission *de* 1 1/2 *p.* 100 chaque année sur les quatre millions deux cent mille francs destinés au service des coupons et des obligations sorties, soit *plus de trois millions pour quinze ans*.

L'opposition faite aujourd'hui à l'opération qui vous sauvait, ne trouverait-elle pas sa raison d'être dans l'ennui qu'on éprouve d'être obligé de renoncer à ces deux derniers bénéfices.

Enfin, on daigne s'occuper des obligataires. On stipule pour eux la garantie de l'impôt personnel. Quant à des précautions pour percevoir le produit de cette garantie, il n'en est pas dit un mot. La révolution supprime, au bout d'un an, l'impôt personnel. La maison Erlanger ne s'en préoccupe pas ; et, quand elle contracte l'emprunt 1865, elle ne songe même pas à demander qu'une garantie nouvelle soit donnée aux obligataires de 1863, à la place de celle qu'elle a laissé supprimer sans protestation.

Cependant M. Cernuschi a fait connaissance à Tunis de M. Rochaïd

Dadah. Des souvenirs de St-Maur près Paris engagent ce dernier à solliciter du Bey l'honneur d'être son représentant financier en France ; et bientôt les canons de rebut du port de Toulon partent à grands frais pour la Goulette, ainsi que quelques vieux navires dont notre délégué a vu pleurer les agrès à deux encâblures des ruines de Carthage. Nous avons dans les mains les comptes détaillés de ces opérations ; de celles, en particulier, qui ont trait à la transformation de la monnaie tunisienne, et qui ont rendu indispensable l'emprunt de 1865.

Cette fois, l'affaire est faite pour le compte de MM. Emile Erlanger et Ce, Hermann Oppenheim neveu et Ce, C. M. Morpurgo. D'autres personnes sont intéressées sans que leur nom paraisse. Il ne nous appartient pas d'en dire la raison et de rechercher pourquoi M. Ganesco obtient une seconde autorisation nécessaire à l'émission qui, cette fois, sera faite par le Comptoir d'Escompte.

Les banquiers contractants s'engagent à payer au Bey de Tunis la somme de vingt-cinq millions en cinq époques égales : le premier cinquième en signant ; les autres cinquièmes de trois mois en trois mois. Le gouvernement tunisien s'engage par contre à payer auxdits contractants quatre millions de francs par année et pendant quinze ans, soit soixante millions, toujours, vous le voyez, *plus du double du capital reçu.*

Il n'est parlé, il est vrai, dans ce traité, ni d'escompte ni de commission. On émet seulement soixante-treize mille cinq cent soixante-huit obligations à trois cent quatre-vingts francs, ce qui assure déjà *trois millions* aux banquiers. Nous pourrions vous indiquer aisément comment il se fait que le triple de ce bénéfice est encore assuré à l'avance au moyen de l'origine des Teskérès dont les contractants sont porteurs, et à propos du paiement anticipé desquels ils stipulent un nouvel avantage *de 7 p.* 100 ; mais tout cela rentre dans la liquidation dont notre délégué a reçu les éléments du Kasnadar, et qui sera bientôt l'objet d'une publication plus étendue que ce rapport.

Les garanties consistent dans les revenus des douanes et le droit sur les oliviers. L'article qui concerne ces garanties a trois lignes. On ne s'inquiète pas s'il s'agit des droits *sur le pied d'olivier ou sur le produit huile*, ce qui est bien différent ; on ne s'inquiète pas de la façon dont les douanes sont administrées ; on ne songe à rien qu'à lancer l'affaire ; et, à peine est-elle conclue, que les garanties s'évanouissent *à la connaissance de ceux qui les ont stipulées.*

Que des comptables impartiaux soient désignés par le ministère des affaires étrangères pour réviser ces deux opérations ; qu'on leur remette les états des fournitures ou des prêts qui ont motivé la remise des Teskérès mentionnés dans les traités; et le ministère des affaires étrangères verra que, sinon sous son contrôle, mais du moins avec son autorisation, la même maison de banque, a pu tarir dans sa source la prospérité d'un pays ami, le grever de *plus de cent vingt millions*, en échange de fournitures ou de sommes, dont le total n'atteint pas le cinquième de ce chiffre; qu'elle a pu prélever en outre ce cinquième sur votre épargne, en réalisant de nouveaux bénéfices ; et cela, sans risquer autre chose que quelques feuilles de papier timbré, dont elle s'est remboursée, du reste, *afin de ne rien avoir risqué du tout, pas même un centime.*

Jusqu'ici le directeur du Comptoir d'Escompte n'a à se reprocher que de ne pas s'être assuré par lui-même de l'existence et de la nature des garanties qu'il préconise, du mode de perception de leurs produits, et des moyens à employer pour que cette perception ait lieu au profit des obligataires.

Mais novembre 1866 approche ; et, avec ce mois, l'échéance du coupon des obligations 1863. On s'adresse à M. Pinard pour le payer; à M. Pinard qui apprend alors, s'il ne l'a pas su plus tôt, que la Tunisie ne sera désormais en état de faire face au paiement des coupons et des obligations sorties qu'après une liquidation générale suivie d'un arrangement amiable sur des bases toutes nouvelles, M. Pinard paie le coupon de novembre 1866, et reçoit en échange, des mains de M. Erlanger et du colonel Rochaïd Dadah, vingt-trois mille huit cent trente et une obligations 1863.

Les échéances se précipitent. Le paiement d'un nouveau coupon, celui de janvier des obligations 1865 doit être bientôt effectué au Comptoir d'Escompte. Le général Elias Mussali s'en inquiète et parvient à obtenir d'un banquier la promesse de faire face à cette échéance au taux de *vingt pour cent;* mais à la condition que ce banquier prendra à son tour en dépôt les vingt-trois mille huit cent trente une obligations 1863, et qu'il pourra les garder au prix de *trois cent cinquante-cinq francs l'une,* dans le cas où il ne serait pas remboursé de l'avance faite aux échéances qui seront fixées. Le général Elias Mussali, qui intervient pour la première fois dans les arrangements financiers de son pays, n'obtient pas, allez-vous dire, des conditions très-avantageuses. Ce n'est pas l'opinion du colonel Rochaïd Dadah qui, les trouvant sans doute trop avantageuses pour son gouvernement et trop peu pour d'autres, fait rompre la négociation avec le banquier et la noue avec M. Pinard.

C'est l'heure cependant ou jamais, pour le directeur d'une institution de crédit aussi respectable que le Comptoir d'Escompte, de comprendre la faute de cet établissement; c'est l'heure d'en dégager la responsabilité matérielle en démasquant les véritables concessionnaires et en proposant au gouvernement du Bey d'étudier avec lui les moyens de l'arrêter sur la pente où il a été lancé. Le directeur du Comptoir d'Escompte constitue un syndicat ainsi composé : MM. Rochaïd Dadah, Fould, et Comp., Bamberger, Bischoffsheim et Comp., Edmond Adam, G. Martini, H. Oppenheim, Levy-Crémieu, Dutfoy et Comp., Pinard, Trivulzi-Hollander, Bischoffsheim et Hirsch. Vous remarquerez qu'à la tête de ce syndicat figure le représentant financier du Bey, qui devient le prêteur du souverain au nom duquel il emprunte, et à quel taux? *Neuf millions* de Teskérès ou bons du Trésor, payables de trois mois en trois mois, sont remis pour moins de *cinq millions* argent; suit un traité conclu en France, en vertu duquel le mandataire se fait adjuger par son mandant, dont il devient le prêteur, *soixante-douze pour cent* d'intérêt par an. Ce n'est pas tout, ces obligations de 1863 qu'un banquier offrait de prendre pour gage à la condition de se les adjuger ferme à *trois cent cinquante cinq francs l'une;* en cas de non-paiement, le syndicat dans lequel figurent M. Rochaïd Dadah et M. Pinard, les exige et les prend en garantie, avec le droit de les vendre sans taux fixé si le gouvernement tunisien se trouve, comme *il est facile de le prévoir,* dans l'impossibilité de rembourser.

Ces faits, M. Pinard les avoue dans une lettre au premier ministre en date du 31 décembre 1867, et qui contient ces mots : « J'ai dû « payer aux porteurs des Teskérès échus le 1er juillet dernier, les « intérêts en retard à raison de 6 p. 100 l'an, plus un million de « commission par trois mois ! » sur cinq millions, et notez qu'au moment où ces lignes sont écrites par M. Pinard, les obligations attendent vainement leurs revenus.

On ne doit pas être surpris qu'ayant à payer le coupon de juillet 1867, le coupon de novembre de la même année, et les neuf millions dûs au syndicat, le gouvernement tunisien soit obligé de retomber encore dans les mains de la maison Erlanger. Elle offre d'émettre un troisième emprunt à des conditions non moins dures que les deux premiers. Un contrat est signé. Un nouvel appel est fait au public. Le ministère des affaires étrangères l'autorise encore (no 3). Si l'on avait répondu à cet appel, la liquidation forcée des finances tunisiennes aurait été reculée de deux ans.

Le coupon de juillet 1867 impayé, ainsi que les obligations sorties au tirage de juin, le gouvernement tunisien se trouvait vis-à-vis de ses créanciers français en état de suspension de paiements. Le devoir impérieux de la maison Erlanger et de M. Pinard, responsables auprès des obligataires, était de veiller à ce que l'actif disponible fût réparti entre tous. Eh bien! pendant ce long silence des deux établissements, silence qui a commencé alors et qui n'a point encore été rompu, la maison Erlanger a touché *quatre cent mille francs* qu'elle détient. Le syndicat des banquiers s'est partagé : *un million deux cent quinze mille soixante-quinze francs*, le 1er octobre 1867, *cinq cent quatre-vingt-trois mille huit cent trente-neuf francs quatre-vingts centimes* à diverses autres époques, en décembre et janvier dernier, *six cent trente-huit mille francs* (1). Des traites payées à Marseille couvrent cette dernière somme; mais le reste a été obtenu au moyen de la vente d'un grand nombre des obligations 1863, déposées en garantie du traité du 1er janvier 1867, ce qui a amené la dépréciation rapide dont les titres ont été frappés.

Ce n'est pas tout encore. Le général Élias Mussali possède sept mille neuf cents obligations 1865, qui sont la propriété du Bey. Il veut, en janvier dernier, obtenir des fonds pour faire face aux traites tant annoncées au public, et dont le montant doit être appliqué au paiement du coupon de juillet. Il revoit M. Pinard, qui lui promet, contre dépôt des titres, l'argent dont il a besoin. Le crédule général les porte au Comptoir; mais, quand il s'agit de toucher, M. Pinard lui dit qu'il garde les *sept mille neuf cents obligations* comme un surcroît de garantie sur les neuf millions de Teskerès. Du reste, le directeur du Comptoir *attend une réponse* à sa lettre du 30 novembre 1867, dans laquelle il prie le premier ministre de Tunis d'accepter les propositions de *son associé*, le colonel Rochaïd Dadah, du *Liban*, *de Saint-Maur et de Londres*, au profit de qui, le 2 avril 1867, il s'est laissé débiter de 533,750 francs sur les livres même du Comptoir d'Escompte.

Il manque à ce rapport la liste des sommes distribuées pour faciliter ces diverses opérations, ainsi que les noms des personnes qui les ont reçues, tant à titre de commissions qu'à titre de primes. Cette liste, nous la possédons; mais, avant de la publier, nous désirons y être autorisés par l'administration des Finances et des Affaires étrangères. Nous défierions qui que ce soit d'en démentir l'exactitude, comme nous défions qui que ce soit de déclarer inexact un seul des

(1) Nous apprenons à l'instant qu'un nouveau partage de 1,019,242 *fr.* 10 *c.*, auquel nous allons tenter de nous opposer, s'opère en ce moment entre les membres du syndicat. Cette somme provient de la vente de 6,365 *obligations* 1863, ce qui réduit à 13,201 le dépôt des 23,891 *obligations* opéré entre les mains de M. Pinard.

détails de l'orgie de millions que nous venons de vous raconter.

Le ministère sait maintenant ce qu'il a autorisé. Nous allons vous rappeler ce qu'il a condamné.

Des obligataires se réunissent en septembre dernier. Ils nomment un comité, qui s'adresse vainement à tout le monde. Il n'est un instant l'objet d'assurances formelles que lorsqu'il s'agit de pouvoir rendre disponible la somme que le syndicat des banquiers à hâte de se partager.

Eclairés enfin, les membres du comité envoient un représentant à Tunis. Il y apprend que les ressources de la Tunisie n'excédent pas *trente millions* en moyenne, et que dans ce moment, toutes les sources de la production se trouvent taries.

Les prétentions immédiates des créanciers usuraires dépassent les revenus d'une année. Pour la France seulement, il faudrait *deux millions* pour le coupon de juillet 1867 et les obligations sorties; *deux millions deux cent mille francs* pour le coupon de novembre 1867 et les obligations sorties; *deux millions* pour le coupon de janvier 1868 et les obligations sorties; *neuf millions* pour les Teskérès du syndicat; *cinq millions* que réclame la maison Erlanger pour les frais de l'emprunt qui n'a pas été couvert, etc., etc., soit *vingt millions* au minimum, sans compter d'autres exigences: c'est l'impossibilité.

Le gouvernement tunisien a été contraint de donner toutes ses garanties aux créanciers résidant à Tunis. Si ces garanties ne sont pas dégagées, le gouvernement ne peut pas dire quand il sera en mesure de donner quoi que ce soit aux créanciers français. Seulement, il implore des obligataires un arrangement qu'il fera accepter ensuite à ses nationaux et à ceux de ses créanciers étrangers dont il est en droit d'exiger des facilités. A l'appui de sa demande, il engage sa parole que la totalité de ses revenus sera soumise au contrôle d'une commission des finances tunisiennes dont il se laisse imposer le cadre. Le budget des dépenses ne dépasse pas *quinze millions*. Les recettes sont au minimum de *vingt-cinq*. Toute sa dette n'atteint pas le chiffre de *cent cinquante millions*. En la consolidant en rente de 6 p. 100, il peut être certain de faire honneur à ses engagements. Quel est celui des obligataires qui, se trouvant à Tunis, n'eût choisi entre le néant et cette offre, entre une *catastrophe certaine* et cette unique chance de salut?

Le Bey décrète l'unification, décrète la conversion, décrète la création d'une Banque nationale de Tunisie, et institue une commission des finances qu'il arme de pleins pouvoirs pour régénérer son administration financière. Il réduit, il est vrai, à trente francs l'intérêt des obligations; mais parce qu'il a la certitude qu'une banque nationale pourra donner de grands bénéfices, et qu'il désire y associer les personnes qui ont eu à souffrir de leur confiance en lui. Dès qu'à Paris la réduction de cinq francs est considérée comme une spoliation, ses représentants déclarent qu'il laissera opter les porteurs entre le rétablissement de ces cinq francs et la participation qu'il a offerte.

Des banquiers s'engagent à payer les coupons échus des obligations, et à réunir leurs efforts pour opérer la conversion de toute la dette tunisienne. Ils ne demandent qu'une commission de 4 p. 100 sur la totalité de la dette à convertir; et ils s'engagent à réaliser désormais à ce taux, pour le compte de la Tunisie, toutes les opérations financières et tous les achats qu'elle devra faire en France.

Les obligataires *touchent enfin leurs revenus*; et le Bey charge les personnes les plus recommandables de son royaume de dresser le budget régulier des recettes et des dépenses. Une commissien des finances tunisiennes, animée de l'esprit le plus conciliant, préside à la conversion des titres. Elle veille à ce que la plus scrupuleuse probité n'ait rien à redire désormais aux rapports financiers de la France avec la Tunisie. C'est alors que ceux qui, pendant des mois, ont laissé en souffrance les intérêts des porteurs, se prétendent animés tout-à-coup d'un zèle extrême pour leurs intérêts. Ils s'arment des conditions qu'il nous a fallu subir par la faute des gens qu'ils connaissent; ils accusent le Bey de spoliation et se déclarent beaucoup plus difficiles que nous-mêmes quant aux arrangements conclus.

Des pétitions sont déposées dans les bureaux de certains journaux financiers pour y être signées par les obligataires. On leur dit : « Vous « perdez cinq francs ds rente ; vous perdez les chances du rem« boursement par voie de tirage. » On ne leur dit pas : « La situation « qui vous est faite a été créée SCIEMMENT en 1863 et en 1865 par « chacune des émissions, aggravée SCIEMMENT en 1867 par un traité « qui vous enlevait le seul actif relativement disponible de la Tu« nisie. On a disposé de cet actif; *on s'en est partagé le produit*; « on a attendu que la conversion fût commencée pour l'entraver, « parce qu'on avait obtenu cinq cent mille francs de traites sur la « Banque de Crédit International, et que l'on croyait pouvoir se « partager cette somme encore. Tout autre arrangement que celui « qui a été accepté est impossible ; et les projets que le ministère des « affaires étrangères a reçus des personnes qui inspirent les péti« tions, ne sont avantageux que pour les banquiers à la disposition « desquels est remis de nouveau votre sort. Il reste à écouler un « grand nombre des obligations prises en gage ; et l'on veut une « hausse factice pour s'en défaire. Or, si le ministre des affaires « étrangères intervient et menace le débiteur, les titres monteront « à la Bourse après la publication de sa lettre ; et l'on pourra réa« liser de nouveaux gains. Les concessionnaires des premiers em« prunts, les membres du syndicat ne se sont jamais préoccupés ni « des garanties à l'aide desquelles ils ont alléché le public, ni de la « réorganisation financière du royaume de Tunis. » On ne vous dit pas enfin : « *Si l'on arrête la conversion, personne ne s'engage à vous* « *payer l'argent* QUI VOUS ÉTAIT OFFERT AUJOURD'HUI. »

Le ministre des affaires étrangères est à même de savoir à quoi s'en tenir sur les uns et sur les autres. Nous ne croyons pas que vous ayiez à vous inquiéter. Le rédacteur de *la Semaine Financière*, en assurant M. de Moustier de sa CORDIALE reconnaissance, aura fait ouvrir les yeux au ministre, *malheureusement à même de constater depuis lors qu'il a pris pour de bonnes et solides raisons la première hallucination d'une intelligence aujourd'hui éteinte* (1).

Nous ne voulons pas terminer ce rapport sans bien établir de nouveau que nous ne désirions ni tout ce bruit, ni toutes ces revendications. Nous avions oublié le passé, en adhérant à une opération qui l'effaçait. Nous avions perdu de vue qu'on avait *disposé de votre argent et laissé vos garanties à l'abandon*, le jour où nous avions RECONQUIS ET TRIPLÉ CES GARANTIES. Nous ne voulions pas de scandale et nous avions abdiqué tous nos pouvoirs entre les mains du président de la commission des finances tunisiennes, dont le caractère conciliateur, dont l'expérience et l'âge étaient autant de gages d'oubli. Et cependant la partie serait belle pour nous sur le terrain des souvenirs ! Les mines d'Auteuil sont là qui en témoignent ; la Crimée nous a fourni des notes ; l'Egypte, la Syrie, l'Angleterre nous ont fourni la date de faillites scandaleuses ; l'emprunt mexicain est plus éloquent que les mines d'Auteuil.... Mais, encore une fois, le scandale n'est pas notre fait.

On a provoqué, calomnié, injurié les hommes qui avaient fait triompher vos intérêts. Mettez maintenant leurs adversaires dans la balance, et prononcez.

Les uns ont reçu votre argent pour n'en remettre qu'une faible partie à votre débiteur, et n'ont pas voulu lui avancer de quoi vous faire prendre patience ; les autres vous donnaient leur argent, afin que vous partagiez leur confiance dans un Gouvernement qui est au désespoir d'avoir servi de piége contre vous.

Les uns vous ont promis des garanties qu'ils vous ont laissé ravir ; les autres ont obtenu pour vous des garanties que *rien ne pourra vous enlever*.

Les uns n'ont jamais daigné subir votre contrôle ; les autres n'ont rien fait sans votre concours.

(1) Nous apprenons, en effet, que M. Forcade a été frappé d'aliénation mentale quelques jours après la publication de la lettre de M. de Moustier.

Les uns veulent qu'on jette la France dans de nouveaux embarras pour assurer le recouvrement de leur créance PLUS INJUSTE QUE CELLE DE JECKER ; les autres se sont donné la peine d'aller à Tunis ranimer dans le cœur du Gouvernement du Bey l'estime et l'amour de notre pays.

Les uns sont des Allemands, des Maronites, des Egyptiens; les autres sont tous Français.

Les uns enfin ont constamment agi dans l'ombre; les autres constamment au grand jour.

Voilà pourquoi nous ne craignons pas d'en appeler à vous; d'en appeler à la justice; d'en appeler au ministre; d'en appeler au Sénat et au Corps législatif; d'en appeler, s'il le faut, à l'Empereur lui-même, pour qu'une enquête ait lieu sur leurs actes et sur les nôtres.

Paris, 30 mars 1868.

Les Membres du Comité :

MM. Le marquis de CARBONNIÈRES, président.
TALLOIS, propriétaire.
RUFFIÉ, docteur de la Faculté de Paris.
P. LANTELME, ancien négociant.
L. DROUX, ingénieur civil.
MAITRE HENRY, négociant en vins.
SAINT-ANGE LAPLANCHE, architecte.
HENRI FRANCINGUES, premier attaché à la légation du Pérou.
GABRIEL HUGELMANN, secrétaire général.

MM. SUBTIL et LOYER n'assistaient pas à la séance dans laquelle a été voté ce rapport. M. LAUZE, comme banquier intéressé à la conversion, n'a pas pris part au vote.

DOCUMENTS A L'APPUI

DOCUMENT N° 1.

Traité relatif à l'émission des obligations de 1863.

ARTICLE PREMIER

Le fondé de pouvoirs, au nom des mandants précités, s'engage à payer au gouvernement tunisien, la somme de trente-cinq millions de francs contre les obligations qu'ils prendront et négocieront au public. Si ces obligations ne se vendent pas en totalité ou en partie, ce sont eux qui seront obligés à verser la somme susdite de leurs propres deniers. Ils s'y engagent formellement sans aucune restriction ou retard.

ART. 2.

Les banquiers précités prendront sur la somme fixée dans l'article précédent 10 p. 100 *d'escompte et 4 1/2 p. 100 de commission*, dont 3 1/2 pour les banquiers contractants et 1 p. 100 pour le négociateur, M. Henri Cernuschi. Le restant, qui est de vingt-neuf millions neuf cent vingt-cinq mille francs, sera versé par eux en six époques. La première, comprenant trois millions de francs, le 18 juin 1863, qui est le premier Moharren 1280. La seconde, comprenant sept millions cinq cent mille francs, le 18 juillet dite année, qui est le premier de Safar 1280. La troisième, comprenant un million de francs, le 18 août dite année, qui est le premier jour de Rhabih 1er 1280. La quatrième, comprenant cent mille francs, le 18 septembre dite année, qui est le premier jour de Rabih 11e 1280. La cinquième, comprenant deux millions de francs, le 7 juin 1864, qui est le premier Moharren 1281. La sixième, comprenant la somme de seize millions trois cent vingt-cinq mille francs, le 29 mai 1865, qui est le premier Moharren 1282.

ART. 3.

Le paiement de la somme de vingt-neuf millions neuf cent vingt-cinq mille francs, déterminée par l'article précédent, ne peut être effectué qu'aux échéances fixées ci-dessus, de sorte qu'il ne sera permis à la dite maison ni d'avancer ni de retarder les paiements. Le fondé de pouvoirs susnommé s'engage pour ses mandants, à ce qu'ils paient au gouvernement tunisien l'intérêt de 9 p. 100 à partir du 1er juin 1863, sur le total de la somme mentionnée dans cet article ; mais le gouvernement cessera de percevoir l'intérêt de 9 p. 100 sur les versements que les banquiers effectueront aux échéances respectives, et ce, à partir de la date de ces échéances; il continuera cependant à le leur réclamer sur le restant, d'une échéance à l'autre, jusqu'à la fin; et les intérêts que le gouvernement aura à recevoir diminueront d'autant les versements qu'il aura à faire en vertu du présent contrat. Les frais, quels qu'ils soient, de transport et d'assurance de l'argent à Tunis et de sa conservation seront à la charge de la dite maison et non à celle du gouvernement tunisien.

Le but de la fixation des versements aux époques mentionnées dans l'article précédent, étant de pourvoir aux paiements de ce que le gouvernement doit à chacune des susdites échéances, *lesdits banquiers se mettront au lieu et place du gouvernement au profit des porteurs des anciens Teskérès, aux échéances portées sur lesdits Teskerès*, lesquelles coincident avec les six époques indiquées plus haut, à condition, néanmoins, que l'ensemble de ces paiements ne puisse dépasser la somme de vingt-neuf millions neuf cent vingt cinq mille francs.

Si les banquiers manquent à payer l'une des échéances fixées, en partie ou en totalité, ils seront responsables de tous dommages et intérêts quels qu'ils soient que cela occasionnera. Si les susdits banquiers présentent au gouvernement une partie des Teskérès actuellement en circulation, munis de tous les coupons, le gouvernement les acceptera d'eux, lors même que la presentation en serait faite antérieurement aux époques établies pour des payements, et ils cesseront de payer l'intérêt de neuf pour cent à partir de la présentation de ces Teskérès. De plus, ils auront droit vis-a-vis du gouvernement, sur lesdits Teskérès, *à 3 p. 100 l'an musulman* pour le temps qui restera à courir jusqu'à l'échéance des titres. Le paiement de ces 3 p. 100 sera fait aux échéances des titres, ou avant ces échéances, sous déduction de l'intérêt d'anticipation. Quant à la jouissance acquise sur ces titres, le gouvernement en tiendra compte aux banquiers *à raison de 12 p. 100 l'an musulman.* La conversion des piastres en francs sera faite au cours du jour, soit pour les versements, soit pour les perceptions.

Art. 4

Le susdit fondé de pouvoirs s'engage, pour le compte de ses mandants, à verser au gouvernement tunisien un million de piastres sur ce contrat; et cela au 1er juin 1863. S'il ne paient pas à cette époque, ils tiendront compte au gouvernement d'un intérêt à neuf pour cent par an, à partir de la date susdite jusqu'au jour du paiement.

Art. 5.

Le susdit fondé de pouvoirs s'engage, pour le compte de ses mandants, à mettre dans les mains du gouvernement des traites pour un million de francs à trois mois de date.

Le gouvernement en disposera comme garantie de l'exécution du présent contrat, à partir d'aujourd'hui jusqu'au paiement de la sixième époque fixée à l'article 2. S'ils exécutent le contenu du contrat, le gouvernement leur rendra le capital avec l'intérêt à neuf pour cent, à partir de l'échéance des traites jusqu'à la sixième époque, et s'ils ne remplissent pas leurs engagements, le dit million sera acquis au gouvernement, le contrat sera annulé et les banquiers ne pourront exiger aucun intérêt.

ART. 6.

Le gouvernement tunisien s'engage à payer une somme de *quatre millions deux cent mille francs chaque année*, pendant quinze ans et demi, ère chrétienne. Cette somme payée pendant cette durée amortira le capital et l'intérêt des trente-cinq millions.

Le paiement de l'annuité sera effectué à Tunis à l'agent nommé par MM. Emile Erlanger et Comp. Le gouvernement, s'il le préfère, pourra effectuer le susdit paiement chez les banquiers contractants à Paris. Dans les deux cas, le gouvernement devra effectuer le paiement de deux millions cent mille francs par semestre. Si le gouvernement paie à Tunis il paiera chaque semestre un mois et demi avant l'échéance des coupons semestriels attachés à chacune des obligations dont il sera parlé plus loin. S'il paie à Paris, il devra payer un mois avant les échéances des coupons précités.

Les frais de l'agent susmentionné seront à la charge de la dite maison et non à celle du gouvernement. Le gouvernement sera quitte de ce qu'il devra chaque semestre moyennant l'acquit du dit agent, en cas de versement à Tunis, et de la dite maison en cas de versement à Paris.

ART. 7.

Pour représenter l'annuité des quinze ans et demi stipulée à l'article 6. MM. Emile Erlanger et comp. créeront des obligations du gouvernement tunisien, en langues arabe et française, de cinq cents francs chacune et garnies de trente et un coupons. MM. Erlanger et comp. auront le droit de fixer le nombre des obligations à créer, le montant des intérêts annuels représentés par les coupons et le nombre des obligations à rembourser chaque semestre, à la condition de porter leur combinaison à la connaissance préalable du gouvernement.

Cette combinaison doit être telle que les obligations à rembourser à chaque semestre à la suite des tirages, et les coupons à payer pour le même semestre n'exigeront en aucune façon plus de la somme de deux millions cent mille francs. Le versement des semestres ne devra coûter au gouvernement aucuns frais ni pour l'agent à Tunis, ni autrement. Chaque obligation sera signée par un commissaire du gouvernement tunisien envoyé à Paris pour cet objet, aux frais de la dite maison et non du gouvernement et contre-signée par les susdits banquiers. Ces obligations devront être payables au porteur dans une période de quinze ans et demi en concordance avec l'article 6. Les porteurs les encaisseront au pair, à la suite des tirages qui auront lieu chaque semestre pendant les quinze ans et demi. Mais ils ne toucheront que les coupons échus à l'époque du remboursement.

ART. 8.

Le tirage des obligations remboursables à chaque semestre sera fait à Paris publiquement, avant l'échéance de chaque coupon semestriel. Le premier des trente et un coupons semestriels sera échu six mois après le 1er juin 1863; le deuxième coupon sera échu six mois après le premier et ainsi de suite, de six mois en six mois, jusqu'au trente et unième et dernier coupon, par lequel sera close la période de quinze ans et demi.

ART. 9.

Les banquiers contractants devront rendre au gouvernement les obligations et les coupons échus, à chacun des semestres que le gouvernement aura payés à eux ou à leur agent; et cela, avant l'échéance du semestre suivant et ainsi de suite. A chaque remise d'obligations et de coupons, les banquiers retireront du gouvernement le reçu donné par eux ou par leur agent de l'argent versé pour le semestre; et le gouvernement leur donnera un récépissé pour les obligations et coupons qu'ils lui auront remis. Quant aux titres de la dernière échance, ils seront rendus au gouvernement six mois après le dernier paiement. Si les banquiers ne rendent pas au gouvernement une partie des obligations ou coupons échus, peu ou beaucoup, soit que ces titres restent dans leurs mains ou dans celles du public, le gouvernement retiendra sur les semestres suivants une somme égale au montant des obligations et coupons manquants, et il gardera la somme défalquée pour la payer lorsque les titres manquants lui rentreront. Les obligations que lesdits banquiers rendront au gouvernement, doivent être munies de tous les coupons non échus.

ART. 10.

MM. Émile Erlanger et Cie, tant que leur maison existera, seront chargés du paiement des obligations et des coupons. Ils recevront du gouvernement une commission *de 1 1/2 p.* 100 sur chaque semestre versé par le gouvernement, soit *dix mille cinq cents francs par semestre*.

ART. 11.

Le gouvernement s'engage à livrer à M. Cernuschi des certificats provisoires, conformément à sa demande, lesquels contiendront la garantie du gouvernement, envers les porteurs, que la dite maison leur donnera les quantités d'obligations définitives mentionnées sur ces mêmes certificats, c'est-à-dire qu'elle leur échangera les titres provisoires contre des titres définitifs garnis de coupons. Les porteurs, en recevant les titres définitifs, rendront les certificats provisoires. La totalité des certificats provisoires à livrer à M. Cernuschi ne dépassera pas la somme de cinq millions de francs, mais, au fur et à mesure que celui-ci livrera au gouvernement les Teskerès et coupons actuellement en circulation, il aura le droit de prendre l'équivalent en certificats provisoires, et ainsi de suite.

ART. 12.

Lorsque le gouvernement voudra payer avant l'échéance une somme quelconque à l'agent de Tunis, MM. Emile Erlanger et Cie doivent l'accepter et tenir compte au gouvernement d'un intérêt au taux de la banque de France, à dater de la réception à Paris, jusqu'au jour de l'échéance. En outre, si le gouvernement Tunisien trouvait de sa convenance de retarder en partie ou en totalité le paiement d'un semestre, les banquiers contractants en feront l'avance après un mois de préavis pour en être remboursés au plus tard au prochain semestre. *Ils percevront pour cela, sur la somme avancée, l'intérêt de 8 0/0 l'an;* et le gouvernement devra leur remettre comme gage des Teskérès ou autres valeurs. A l'échéance du prochain semestre, le gouvernement paiera à la fois, et la somme en retard avec ses intérêts, et le montant du semestre échéant. Après cela, les banquiers contractants devront renouveler au gouvernement les mêmes facilités indiquées ci-dessus jusqu'à l'extinction de l'emprunt. Les frais de l'agent auquel le gouvernement Tunisien remettra les fonds dont il est parlé au commencement du présent article seront à la charge des dits banquiers, et non à celle du gouvernement.

ART. 13.

Le gouvernement Tunisien affecte, comme garantie des paiements annuels mentionnés à l'article 2 du présent contrat, son revenu de l'impôt personnel qu'il déclare s'élever à plus de cinq millions de francs par an. Il sera fait mention de cette garantie sur les obligations.

ART. 14.

Si des contestations surgissaient entre le gouvernement et les banquiers contractants sur l'interprétation ou l'exécution du présent contrat, le gouvernement nommera deux arbitres et les banquiers deux autres pour prononcer sur la contestation. En cas de partage, *les quatre arbitres mettront par écrit les deux opinions et tireront au sort celle qui doit prévaloir*, et ce, en présence d'un délégué des banquiers. Cette procédure aura lieu à Tunis; et si l'une des parties désirait nommer des arbitres domiciliés à l'étranger, elle pourra le faire en se chargeant de leurs frais, à condition pourtant que les personnes nommées seront à Tunis deux mois au plus tard, à partir du jour du commencement de la discussion. En cas de retard des arbitres désignés par une des parties, l'opinion des arbitres présents prévaudra.

Ecrit en double original, traduit ci-après en langue arabe, et comprenant les quatorze articles ci-dessus, l'un des originaux restant entre les mains du gouvernement Tunisien, et l'autre entre celles des banquiers contractants, pour lesquels leur fondé de pouvoirs, M. Cernuschi a pris livraison.

Fait au palais du Bardo, ce jourd'hui, mercredi dix-huitième jour du mois de Zelcado 1279, qui correspond au 10 mai 1863.

DOCUMENT N° 2.

Traité relatif à l'émission des obligations de 1863.

ARTICLE PREMIER.

Les banquiers contractants s'engagent à payer, au gouvernement de Tunis, la somme de vingt-cinq millions de francs contre des titres qu'ils lui prendront, et qu'ils négocieront au public de la manière suivante:

ART. 2.

Les contractants paieront la somme ci-dessus de vingt-cinq millions de francs en cinq époques égales: le premier cinquième, lors de la signature du présent contrat; les autres quatre cinquièmes, chacun de trois mois en trois mois à partir de celui qui le précède. Ces paiements s'effectueront à Paris ou à Tunis, comme ils le préféreront. Si les dits banquiers désiraient avancer les paiements sur les époques signalées, le gouvernement leur tiendra compte de l'intérêt *à raison de 7 0/0 l'an sur le temps d'anticipation.* Les cinq paiements précités s'effectueront en traites acceptées à soixante-quinze jours de date de chaque échéance. Si les banquiers n'effectuent pas les paiements aux époques fixées, ils auront à tenir compte au gouvernement des intérêts à raison de 12 0/0 l'an, et des dommages qu'ils lui auront occasionnés, de quelque importance qu'ils soient.

ART. 3.

Le gouvernement tunisien s'engage à payer à Paris, aux susdits contractants, *quatre millions de francs* par an, en deux sommes semestrielles de *deux millions* chaque, en monnaie sonnante ou en traites acceptées; et cela pendant la durée de quinze ans. Cette somme doit éteindre tout ce que le gouvernement doit en capital et intérêts, de sorte que le gouvernement n'aura pas autre chose à payer que la somme mentionnée à la dite époque. Le versement du *premier semestre de deux millions* s'effectuera le 1er mai 1865, ère chrétienne. Celui des autres *deux millions*, complément de la première annuité, s'effectuera six mois à partir du premier, soit le 1er novembre de la dite année, et ainsi de suite, *deux millions* de six mois en six mois jusqu'à complément des dites quinze années, à la fin desquelles cet emprunt sera éteint, capital et intérêts. Le gouvernement *tiendra compte aux contractants des intérêts des remises qu'il leur remettra en paiement.*

ART. 4.

Le gouvernement tunisien affecte spécialement comme garantie du paiement semestriel indiqué à l'article 3 et pendant les quinze ans, *les revenus des douanes et le droit sur les oliviers, qui dépassent six millions.*

ART. 5.

En représentation de l'annuité mentionnée dans l'article 3 pendant les quinze années, les banquiers feront confectionner des titres ressemblant en la forme à l'emprunt contracté le 18 zil caode 1279 de l'hégire, correspondant au 6 mai 1863, ère chrétienne, entre le gouvernement tunisien et la maison Emile Erlanger et Cie, excepté les coupons, qui seront au nombre de trente seulement à chaque titre, le premier échéant le 1er juillet 1865, et le second six mois après, et ainsi de suite jusqu'au trentième coupon. Les paiements de ces coupons et des obligations sorties dans les tirages dont nous parlerons, s'effectuera à Tunis, Paris et Marseille, dans les maisons des contractants ou de leurs agents.

ART. 6.

Les titres qui sortiront aux tirages seront remboursés aux pair aux porteurs chaque six mois pendant les quinze ans, dans les villes mentionnées à l'article 5. Là aussi seront payés les coupons semestriels dont il est parlé dans l'article précité. Le premier tirage de cet emprunt aura lieu au mois de juin 1865 et le second au mois de décembre de la même année et ainsi de suite. Les tirages s'effectueront publiquement à Paris et le gouvernement aura le droit de s'y faire représenter.

ART. 7.

Les titres à créer seront dûment signés par l'agent que le gouvernement désignera à cet effet, et qui devra venir à Paris ; ils seront contre-signés par une des maisons contractantes ou par leurs agents. Les frais de l'imprimerie et le timbre seront à la charge du gouvernement.

ART. 8.

Les contractants effectueront un paiement avant que les titres mentionnés dans l'article 5 soient confectionnés. Le gouvernement leur remettra contre ce paiement des titres provisoires contenant l'autorisation d'être négociés et qui resteront entre les mains des porteurs jusqu'à ce que les titres définitifs soient prêts pour en opérer l'échange. Les banquiers contractants doivent rendre tous ces titres provisoires au gouvernement tunisien, et s'il en reste quelqu'un chez eux ou chez les porteurs, le gouvernement tunisien retiendra sur le montant des annuités une somme équivalente à celle des titres non livrés. La somme, que le gouvernement tunisien retiendra, restera dans ses caisses jusqu'à ce que les titres lui seront présentés; et, dans ce cas, il ne devra sur cette somme aucun intérêt, attendu que le gouvernement ne doit payer que les quatre millions pendant les quinze ans, comme il est mentionné à l'article 3.

ART. 9.

Les banquiers contractants devront rendre au gouvernement les titres et les coupons échus à chacun des semestres que le gouvernement leur aura payés;

et cela, avant l'échéance du semestre suivant et ainsi de suite jusqu'à l'expiration de la période de quinze ans citée dans l'article 3. A chaque remise des titres et coupons, les banquiers retireront le reçu donné par eux ou par leurs agents de l'argent versé pour le semestre ; et le gouvernement leur donnera un récépissé pour les titres et les coupons qu'ils lui auront remis. Les banquiers, de leur côté, donneront au gouvernement un écrit constatant le nombre des versements semestriels qui leur auront été faits. Quant aux titres de la dernière échéance, ils seront rendus au gouvernement dans les six mois qui suivront le dernier paiement. Si les banquiers ne rendaient pas au gouvernement une partie des titres et coupons échus, peu ou beaucoup, soit que ces titres restent dans leurs mains ou dans celles du public, le gouvernement retiendrait sur les semestres suivants une somme égale au montant des titres et coupons manquants ; et il garderait la somme défalquée pour la payer lorsque les titres manquants lui rentreraient. Il ne devra de ce fait aucun intérêt. Les titres que les dits banquiers rendront devront être munis de tous les coupons non échus.

Art. 10.

Le gouvernement alloue aux contractants, pour le service du paiement des coupons des titres sortis, *une commission de un pour cent sur le montant payé.*

Art. 11.

Si des contestations surgissaient entre le gouvernement et les contractants sur l'interprétation ou l'exécution du présent contrat, on procédera, comme il est mentionné dans l'article 14 du contrat cité à l'article 5, excepté en cas de partage d'opinion, où il est convenu que les quatre arbitres en nommeront un cinquième.

Ce présent contrat, qui contient onze articles, est fait en double original, dont l'un restera entre les mains du gouvernement et l'autre entre celles des contractants, au palais du Bardo, le jeudi 13 ramadan 1201, correspondant au 9 février 1865.

Paris, le 21 février 1865.

Signé : Emile Erlanger et Cᵉ ; — H. Oppenheim et Cᵉ ; — C. H. Morpurgo.

DOCUMENT N° 3.

Extrait de la correspondance remise au délégué du Comité.

Lettre adressée, le 9 octobre 1867, au premier ministre du Bey de Tunis par le Directeur du Comptoir d'Escompte.

M. Pinard accuse réception au Kasnadar de sa lettre du 26 rabich éoual 1284, renfermant 300,000 francs en valeur de France. Son Excellence disait de les appliquer, ainsi que les 700,000 francs encaissés par le Comptoir d'Escompte au paiement du million échu le 1er juillet 1867, sur les 1,500,000 francs qui font l'objet du second des deux contrats signés à Paris le 1er janvier 1867.

Les différents télégrammes adressés à Son Excellence lui ont appris que les 700,000 francs ci-dessus appartiennent aux porteurs des 7,500,000 francs de Teskerès, en vertu du premier contrat du 1er janvier, et qu'il est impossible de les appliquer au million échu le 1er juillet.

Quant aux 300,000 francs du dernier courrier, M. Pinard regrette de ne pouvoir en créditer le gouvernement Tunisien qu'après encaissement, car l'escompte de ces valeurs est rendu impossible autant par leur échéance éloignée que par le faible crédit des tiers, notamment en ce qui touche les valeurs payables à Paris.

« La situation de votre gouvernement vis-à-vis des banquiers porteurs du « million échu, continue M. Pinard, est donc toujours la même; et je regrette « d'avoir à informer Votre Excellence que tous mes efforts ont été impuissants « pour arrêter les poursuites déjà commencées.

« Je prie Votre Excellence de mettre tout en œuvre pour arriver au rembour- « sement des obligations sorties au dernier tirage. Je vous ai déjà fait connaître « que la population s'irrite et que le Crédit du gouvernement Tunisien, déjà « très-atteint par le retard de ses engagements, serait à tout jamais perdu s'il « ne prenait des mesures énergiques pour régulariser cette situation.

« M. le ministre sait que *le contrat du 1er janvier* 1867, *relatif à la négo-* « *ciation des* 7,500,000 *francs de Teskérès, constitue au Comptoir d'Escompte* « *tiers dépositaire des* 23,831 *obligations libérées de l'Emprunt* 1863, *faisant par-* « *tie des gages remis par votre gouvernement aux banquiers qui ont participé à* « *l'opération.*

« En vertu de l'article 2 du traité, le Comptoir d'Escompte a encaissé les « coupons échus le 1er Mai 1867 sur 23,237 des obligations ci-dessus ce qui a « produit . . . . fr. 406,647 50

« Ainsi que le montant des 625 obligations sorties au tirage « d'Avril, soit. . . . . 312,500 »»

Ensemble. . . . . fr. 719,147 50

« La différence entre le nombre des obligations sur lesquelles le Comptoir « a touché les coupons 23,237 et les 23,831 engagées par le contrat du 1er jan- « vier, représente les 594 obligations sorties au tirage du 1er novembre 1866 et « dont le montant, qui fait partie intégrante du gage appartenant aux bénéfi- « ciaires du contrat ci-dessus, a été inutilement réclamé à M. Erlanger et com- « pagnie par les bénéficiaires du 1er janvier 1867. Cette question reste donc « toujours en litige.

« Votre Excellence sait aussi que le contrat du 1er janvier stipule, art. 1 § 3, « que jusqu'à parfait remboursement des Teskérès, votre gouvernement est « tenu de justifier à M. Pinard, un mois avant l'échéance des coupons des Em- « prunts 1863 et 1865, du versement des fonds nécessaires au paiement des « semestres, entre les mains des banquiers désignés pour le service de l'Em- « prunt.

« *Il est ajouté à l'article* 2 *qu'à défaut de cette justification les banquiers por-* « *teurs des Teskérès peuvent faire réaliser en totalité ou en partie les obligations* « *qui leur ont été engagées. Le gouvernement tunisien n'ayant pas été en mesure*

« *de faire face au paiement des coupons du 1er juillet de l'Emprunt de* 1865, *les*
« *intéressés ont réclamé l'exécution de la clause ci-dessus, ainsi que je vous en ai*
« *déjà donné avis, et il a été vendu sur les titres déposés au Comptoir* 1,907 *obli-*
« *gations, qui ont produit* . . . . fr. 495,926 05
« En ajoutant à cette somme les 719,147 50

« dont il a été parlé plus haut, le Comptoir avait par de-
« vers lui disponibles 1,215,076 65
« appartenant aux porteurs de Teskérès, lors de l'échéance des 2,500,000 de
« Teskerès. Le 1er octobre courant, les porteurs se sont présentés au paiement
« chez M. le colonel Rochaïd-Dadah qui avait été désigné au contrat à cet
« effet, lequel a déclaré n'avoir pas reçu les fonds nécessaires au paiement des
« Teskerès.

« Ils se sont alors adressés au Comptoir et *l'ont mis en demeure de répartir*
« *entre eux, proportionnellement à l'intérêt de chacun, la somme de* 1,215,073 *fr.*
« 55 *ci-dessus, représentant, à une légère différence près,* 48 *p. cent des* 2,500,000
« *francs*. Le Comptoir n'avait aucune opposition à faire à cette demande à la-
« quelle il a dû se soumettre.

« *J'ai donc procédé à la répartition des* 48 *p. cent* (1), en exigeant de chacun
« des porteurs un reçu motivé.

« J'ai fait inscrire, en outre, sur chaque Teskérès, une mention signée de son
« propriétaire et de moi, indiquant l'à-compte payé et le solde pour lequel le
« bon reste en circulation. Je m'empresse, Monsieur le Ministre, de porter à
« votre connaissance les faits qui précèdent et prie Votre Excellence de vouloir
« bien les ratifier.

« Je viens de recevoir du colonel Rochaïd-Dadah, à notre ordre personnel,
« 400,000 francs en traites sur le général Elias Mussali, destinés au paiement
« du coupon échu le 1er juillet.

« J'ai donné ces effets au Comptoir d'Escompte pour le montant être employé
« après encaissement, au paiement dudit coupon, bien entendu sans aucune
« responsabilité personnelle. Le colonel Rochaïd-Dadah me donne avis que
« Votre Excellence lui promet de me faire à bref délai de nouvelles remises
« pour compléter les sommes nécessaires au versement du semestre en retard.

« J'ai appris cette nouvelle avec satisfaction ; et je prie Votre Excellence de
« faire un suprême effort pour mettre un terme aux récriminations dont notre
« gouvernement est l'objet de la part des porteurs d'obligations, etc. etc.

(1) Au moment où cette répartition a lieu entre les membres du syndicat dont fait partie M. Pinard, le coupon de juillet est impayé et M. Pinard refuse toute explication aux porteurs.

DOCUMENT N° 4.

Extrait de la correspondance remise au délégué du Comité.

Lettre adressée au premier ministre du Bey de Tunis par le directeur du Comptoir d'Escompte.

« Je suis en possession de votre lettre du 21 djounad el Tan 1281, dans « laquelle Votre Excellence me témoigne son étonnement d'avoir appris qu'il « avait été vendu une partie des obligations de l'emprunt 1863, déposées au « Comptoir. Vous me dites, monsieur le ministre, que cette vente n'était pas « nécessaire, puisque vous m'avez fait des remises et donné l'ordre de retirer de « chez MM. Erlanger et Ce une somme de 400,000 francs, d'appliquer cette « somme aux paiements des Teskérès à échéance, et de verser l'excédant au « Comptoir pour le compte échu du 1er juillet 1865.

« Votre Excellence termine en me disant *qu'elle ne peut pas reconnaître la « vente des obligations ni la répartition faite de ses remises*, telle qu'elle est in- « diquée dans ma lettre du 9 décembre dernier.

« Je ne puis m'expliquer, monsieur le ministre, l'interprétation que vous avez « donnée à ma lettre précitée, que par une confusion entre les deux contrats « du 1er janvier, le traité de 1,500,000 francs et celui des 7,500,000 francs. Je « vais essayer de rétablir les faits sous leur jour véritable. Je n'ai pas besoin de « rappeler à Votre Excellence que le solde des 1,500,000 francs du premier con- « trat (1 million) est arrivé à échéance le 1er juillet dernier. Vous m'avez fait « des remises à destination spéciale de cette échéance, en me disant de remettre « le surplus au Comptoir, pour le coupon de 1865, échu à la même date.

« J'ai répondu à Votre Excellence que, dès que les valeurs seraient payées, « je retirerais le million de Teskérès échu le 1er juillet, et me conformerais en- « suite à vos instructions.

« Si nous passons maintenant au deuxième contrat du 1er janvier, se ratta- « chant à la négociation de 7,500,000 fr., je répéterai à Votre Excellence ce que « je lui ai déjà écrit, que le Comptoir, comme tiers dépositaire des obligations « données en gage aux banquiers qui ont participé à l'opération, a été mis en « demeure par eux, à défaut du remboursement des 2,500,000 fr. échus 1er oc- « tobre, de leur distribuer au prorata les 1,215,073 fr. 55, dont j'ai donné le « détail à Votre Excellence le 9 octobre dernier.

« Si vous voulez bien, monsieur le ministre, relire cette lettre, vous verrez « que les 1,215,073 fr. n'ont aucun rapport avec les remises que vous m'avez « faites, que j'appliquerai scrupuleusement aux destinations que vous m'avez « indiquées.

« Je reçois à l'instant, Monsieur le Ministre, votre lettre du 29 djounad 1284, qui « m'annonce que le colonel Rochaïd Dadah doit me verser : 400,000 fr. que « vous lui donnez ordre de retirer de chez MM. Erlanger et Ce, et 716,160 fr. 20 « en dix traites sur le général Elias Mussali.

« Le colonel Rochaïd Dadah m'a remis cette dernière somme que j'ai adres-

« sée au Comptoir sous ma garantie personnelle, et pour être employée, après « encaissement, au paiement du coupon échu 1er juillet (emprunt 1865).

« Quant aux 400,000 fr. sur Erlanger et Ce, M. Rochaïd Dadah m'informe « qu'ils ont refusé de les lui remettre; en somme, monsieur le Ministre, et pour « résumer notre correspondance, vous m'avez bien remis en différentes traites :

1,883,839 fr. 80 et j'ai reçu du colonel R. D.
716,160 — 20

Ensemble : 2,600,000 francs.

« Vous voyez donc, monsieur le Ministre, qu'il n'a été jusqu'ici rien appliqué « aux 2,500,000 francs, échus du 1er octobre sur les 7,500,000 francs de Teské- « rès; et que les porteurs de ces bons restent avec les 48 0/0 que je leur ai ré- « partis le 9 octobre dernier.

« En conformité des ordres de V. Exc., j'acquitterai le million de Teskérès « échu le 1er juillet avec intérêt de retard; et il restera environ 1,600,000 fr., « que j'appliquerai après rentrée au paiement du coupon du 1er juillet dernier.

DOCUMENT N° 5.

Extrait de la correspondance remise au délégué du Comité.

Lettre adressée le 30 novembre 1867, au premier Ministre du Bey de Tunis par le Direction du Comptoir d'Escompte.

« Monsieur le Ministre,

« J'ai l'honneur de vous accuser réception de vos lettres en date du « 26 rajab 1284 (24 novembre 1867). J'en ai retiré une traite à mon ordre, « à huit jours de date, fournie par Votre Excellence sur MM. Erlanger et Comp. « à Paris, que suivant vos instructions, j'ai endossée au Comptoir d'Escompte « pour le montant en être appliqué après encaissement au paiement du semestre « échu le 1 juillet dernier de l'emprunt 1865, bien entendu sans ma responsa- « bilité personnelle. Je vais faire présenter cette traite à MM. Erlanger « et Cie., en leur demandant leur acceptation, mais j'ai tout lieu de craindre « qu'ils la refusent. Si mes craintes se réalisent, je ferai lever le protêt faute « d'acceptation et de paiement; et j'attendrai ensuite que Votre Excellence me « désigne la personne à laquelle je devrai remettre ces titres, *pour exercer en « son nom des poursuites contre MM. Erlanger et Cie.* Le Comptoir ne pour- « rait pas s'en charger lui-même, car les interventions de cette nature sont in- « terdites par les Statuts que le régissent.

« Les 400,000 francs sur le général Elias Mussali que Votre Excellence « m'avait remis pour le montant être appliqué au paiement du solde du million

« de Teskérès échu le 1er juillet dernier, n'ont pas été payés, et j'ai reçu en « échange de nouvelles traites.

« Je ne vous cacherai pas, Monsieur le Ministre, que je comptais sur le paiement effectif de ces valeurs et que ce mode de règlement m'a causé une véritable déception.

« Je ne saurais trop insister auprès de Votre Excellence pour qu'elle mette « en mesure le général Mussali de retirer à leur échéance les autres acceptations.

« La situation de votre gouvernement vis-à-vis de ses créanciers devient de « plus en plus difficile par suite de la non-exécution de ses promesses les plus « formelles. Or, une nouvelle infraction à ses engagements rendrait désormais « impossible *mon rôle d'intermédiaire* (1), déjà si pénible dans les circonstances « actuelles, assailli que je suis par des réclamations et des menaces de procès « qui se renouvellent chaque jour.

« Il est donc absolument indispensable que votre gouvernement fasse un « suprême effort pour sortir de ces cruels embarras; et j'espère que votre Ex- « cellence fera de ce but ses plus constantes préoccupations.

« *A cet effet, je vous prie, Monsieur le Ministre, d'examiner attentivement les « propositions que le colonel Rochaïd Dadah m'affirme vous avoir soumises à « l'effet d'amener un arrangement qui satisfasse les créanciers* LES PLUS PRESSÉS.

« Je ne saurais trop recommander à votre Excellence l'urgence d'une dé- « cision à cet égard. ».

DOCUMENT N° 6.

Extrait de la correspondance remise au délégué du Comité.

Lettre adressée le 31 décembre 1867, au premier ministre du Bey de Tunis par le directeur du Comptoir d'Escompte.

« J'ai l'honneur d'informer Votre Excellence que, à l'exception d'un petit « appoint de 5,000 francs qui, je l'espère, ne tardera pas à être payé, les re- « mises ci-après, que vous m'avez faites en août et septembre derniers viennent « d'être encaissées :

	300,000 fr.	» c.
	145,943	07
	137,896	73
TOTAL.	583,839 fr.	80 c.

(1) Les lettres et pièces qui feront partie de la publication de notre délégué feront comprendre la force de ces mots. Il ne faut pas oublier que nous ne publions aujourd'hui que des documents officiels dont il doit exister copie sur les livres du Comptoir d'Escompte, ce qui explique les reproches faits au ministre, et libellés de façon à faire croire que M. Pinard n'était pas au fait de la situation de la Tunisie en 1866, et au 1er janvier 1867. Les pièces intimes sont en nos mains.

« En conformité des ordres réitérés de Votre Excellence, j'ai remboursé au « moyen de ces rentrées, sur le million de Teskérès échu le 1er juillet dernier, « cinq cent mille francs, représentés par six Teskérès, que je m'empresse de « renvoyer à Votre Excellence sous ce pli chargé spécial, après avoir ras- « semblé ces titres, conformément aux instructions que vous avez données à « ce sujet à M. le *colonel Rochaïd Dadah.*

« Suivant l'autorisation que Votre Excellence avait également donnée à ce « dernier, j'ai dû payer aux porteurs du million de Teskérès échu 1er juiller der- « nier les intérêts du retard à raison de 6 0/0 l'an, plus *un million de commission* « pour trois mois, soit 30,000 fr.

« J'ai prélevé en outre le montant des frais de timbres français et italien que « j'avais avancés, tant pour les remises ci-dessus mentionnées que pour celles « que Votre Excellence m'a adressées ultérieurement pour le paiement après « rentrée du solde des 2,500,000 fr. échus le 1er octobre dernier et faisant « partie du contrat de 7,500,000 fr. savoir.

Pour le timbre français	1,088 fr.	50 c.
Pour le timbre italien.	264	95
Ensemble.	1,353 fr.	45 c.

« Ces paiements effectués, il reste sur le produit des valeurs que vous m'avez « adressées et payées à ce jour un solde disponible de 32,486 fr. 35.

« Pour me conformer aux instructions de V. E. je réserve cette somme pour « l'appliquer aux remboursements des 500,000 fr. échus le 1er juillet dernier, « solde du contrat de 1,500,000 fr., lesquels ont été prorogés jusqu'à l'échéance « des traites que m'a remises le général Elias Mussali en échange des 500,000 fr. « qu'il avait acceptés payables le 2 décembre dernier et qui n'ont point été « payées.

« Je vous prie, Monsieur le Ministre, de vouloir bien, au reçu de la présente, « m'accuser réception des titres qu'elle renferme et de ratifier les paiements « ci-dessus détaillés que j'ai effectués pour le compte de votre gouvernement à « sa décharge et en me confirmant à vos instructions à ce jour.

Je suis avec respect, etc. (1).

(1) Cette lettre est écrite le 31 décembre 1867. Les partages continuent entre les membres du syndicat dont fait partie M. Pinard. Nous en appellerons de cette conduite à l'Assemblée générale des actionnaires du Comptoir d'Escompte.

DOCUMENT N° 7.

Extrait de la correspondance remise au délégué du Comité.

Lettre adressée au premier Ministre du Bey de Tunis, par le directeur du Comptoir d'Escompte.

« J'ai l'honneur de vous confirmer dans tout son contenu ma lettre du 31 dé« cembre, *viâ* Gênes. Les 500,000 de Teskerès, échus le 1er juillet dernier, dont « le renvoi à Votre Excellence, dans ladite lettre, a été refusé par l'Admi« nistration des Postes, qui n'accepte pas de plis chargés pour Tunis par la « voie d'Italie, ont été réexpédiées à Votre Excellence, le 4 janvier courant, « par le service régulier entre Paris et Tunis.

« J'attends l'accusé de réception de ces Teskerès, ainsi que la ratification que « je vous ai demandée, Monsieur le Ministre, des paiements que j'ai effectués « pour le compte de votre gouvernement à la décharge et en me conformant « aux instructions réitérées de Votre Excellence.

« Vous n'ignorez pas, Monsieur le Ministre, qu'aucune des acceptations du « général Elias Mussali n'a été payée. J'ai dû, en conséquence, faire lever et « dénoncer les protêts des traites ci-après que Votre Excellence m'avait remi« ses sur son représentant à Paris et que j'avais endossées au Comptoir d'Es« compte, pour le montant être employé au paiement du coupon échu le 1er « juillet de l'Emprunt 1865, savoir : » (1)

12,700	francs échus le	15 décembre 1867.
387,300	—	26 décembre 1867.
400,000	—	7 janvier 1868.
378,000	—	10 janvier 1868.

« Comptant sur la promesse formelle que vous m'avez faite tant de fois, Mon« sieur le Ministre, j'avais fait espérer aux créanciers du gouvernement tunisien « que leurs intérêts ne seraient pas plus longtemps en souffrance. Lorsqu'ils « ont vu que votre gouvernement manquait à tous ses engagements, leur irri« tation a été au comble ; *et j'ai dû réclamer l'intervention de Son Excellence le « Ministre des affaires étrangères pour faire cesser un état de choses aussi « déplorable.*

« J'ai donc le regret d'informer Votre Excellence que les poursuites judi« ciaires et autres vont commencer contre le gouvernement tunisien ; et qu'elles « seront poussées avec la plus grande énergie. » (2)

(1) L'argent reçu a toujours été passé à l'avoir des porteurs de Teskérès du syndicat, les traites non payées à l'avoir des obligataires.

(2) Du moment où le Gouvernement Tunisien n'a plus d'argent pour les banquiers du syndicat, M. Pinard commence les hostilités. Quant à l'association de M. Pinard et de M. Rochaïd Dadah, nous en trouverons la preuve dans les comptes mêmes du Comptoir. Au 16 août 1866, M. Pinard escomptait au colonel 200,000 fr. sur Jacques Lumbroso de Marseille, et acceptait en garantie 850 obligations lombardes; le 2 avril 1867, on débitait M. Pinard de 533,730 francs au profit dudit colonel. Mais tout ceci sera expliqué dans la brochure relative à la liquidation.

DOCUMENT N° 8.

Extrait des états de répartition des Teskérès donnant connaissance de la proportion dans laquelle s'est intéressé chacun des membres du syndicat au partage des neuf millions.

Rochaïd Dadah, 500,000 fr.
Fould et Ce, 250,000 fr.
Banque des Pays-Bas, 300,000 fr.
Bischoffsheim et Ce, 175,000 fr.
Edmond Adam, 100,000 fr.
S. Oppenheim, 200,000 fr.
Lévy Crémieu, 250,000 fr.
Dutfoy et Ce, 175,000 fr.
Pinard, 100,000 fr.
Trivulzi Hollander, 175,000 fr.
Bischoffsheim et Hirsch, 175,000 fr.
G. Martini, 100,000 fr.

Le Comité a obtenu de son délégué que cet état fût détaché d'une foule d'autres qui comprennent les détails chiffrés de toutes les opérations faites avec la Tunisie ou pour le compte de son gouvernement, par MM. Erlanger, Hermann, Oppenheim, Morpurgo, Schmitt, Pinard, Rochaïd Dadah, Ben Ayet, Nessim (Semana), etc.

DOCUMENT N° 9.

Lettre remise aux représentants de la Banque de Crédit International, par le ministre de S. A. le Bey, pour M. le baron J. de Lesseps, agent politique de la Tunisie en France.

Louanges à Dieu !

Au distingué parmi les personnes de mérite, l'honorable, le respectable, le parfait, M. le baron de Lesseps, agent de S. A. le seigneur et maître, à Paris.

Nous vous informons que l'honorable, le parfait, le digne de confiance, administrateur-directeur de la banque de Crédit international à Paris, est venu à Tunis, et a soumis à S. A. notre auguste souverain, différents projets ayant trait à l'unification des dettes de l'État en rente nouvelle, à la création d'un grand livre de la dette publique, et à l'établissement d'une banque nationale. Son Altesse a beaucoup goûté ces projets; et, après en avoir discuté les détails, des contrats sont intervenus entre les parties.

Le contractant, se rendant maintenant à Paris pour donner cours à l'exécution de ces différents traités, nous lui avons remis cette lettre de recommandation pour vous et l'avons chargé de vous expliquer les détails de ces combinaisons financières pour que que vous en ayiez parfaite connaissance, et que vous sachiez le faire comprendre au Ministre des affaires étrangères, afin qu'il voie bien que le résultat premier de cette opération est le paiement des coupons arriérés ET DES TRAITES fournies sur le général Mussali.

Nous vous recommandons donc de prêter votre bienveillant concours au contractant, et de lui venir en aide dans le cas où vous en seriez requis par lui. Nous sommes convaincus que, moyennant votre intervention, nous pourrons atteindre le but que nous nous proposons *et qui consiste à obtenir le concours du puissant gouvernement français dans l'accomplissement de nos projets.*

Ecrit le 20 Ramadan 1294.

Signé : MUSTAPHA.

DOCUMENT N° 10.

Lettre du premier ministre de S. A. le Bey de Tunis aux représentants de la Banque de Crédit International.

Nous avons reçu votre lettre du 11 février, et avons appris avec satisfaction que les choses marchent bien. Nous vous engageons à l'action POUR FERMER LA BOUCHE à ceux qui ont parlé contre vous.

Vous recevrez par ce courrier la lettre du Ministre des Finances, au sujet des garanties des emprunts 1863 et 1865; et, par le courrier de France, vous recevrez les Teskérès, les décrets de nomination, ainsi que les autres pièces demandées. NE CROYEZ PAS QUE NOUS AYONS RETARDÉ L'ENVOI DE CES PIÈCES POUR UN MOTIF QUELCONQUE.

Nous vous confirmons ce que nous vous avions dit verbalement AU SUJET DES COMPTES D'ERLANGER ET DU COMPTOIR; mais nous craignons, si vous entreprenez cette affaire maintenant, que cela ne vous distraie un peu de la grande affaire de la conversion qui est beaucoup plus importante. Cependant, si vous croyez que cela vous est utile maintenant, prévenez-nous pas télégraphe ET NOUS VOUS ENVERRONS LES PAPIERS NÉCESSAIRES.

Nous avons recommandé au baron J. de Lesseps, au général Mussali et au général Roustem de vous prêter tout leur concours; et nous attendons avec impatience la nouvelle de la réussite.

Ecrit le 25 chaoual 1281.

Signé : MUSTAPHA
premier ministre

DOCUMENT N° 11.

Lettre du premier ministre de S. A. le Bey de Tunis aux représentants de la Banque de Crédit international.

Nous avons reçu vos deux lettres de 4 et 6 février 1868, et avons pris connaissance de tout le contenu. — Vous savez combien nous avons à cœur le succès de vos affaires et nous avons confiance dans votre réussite.

Nous avons été satisfaits du contenu de votre télégramme qui annonce le payement du coupon pour le 15 février; c'est la seule et véritable réponse à faire aux bruits malveillants que vous dites avoir couru sur votre compte. Que ces bruits ne vous étonnent point, car celui qui entreprend une affaire d'une aussi haute importance que celle que vous avez entreprise, doit naturellement trouver beaucoup d'opposants; mais, puisque le succès de l'affaire existe, il ne faut point s'arrêter à ces bruits qui tomberont d'eux-mêmes par votre activité et votre énergie.

Nous avons communiqué à S. A. notre auguste souverain votre idée au sujet du cours forcé à donner aux billets de banque. Son Altesse a agréé cette idée et a ordonné de substituer le mot « cours légal » au premier.

Le général E. Mussali a été autorisé à signer les nouveaux titres de rentes dont vous avez besoin. Sous peu, nous préparerons les pièces que vous avez demandées et nous vous les expédierons conjointement avec les Teskérès. LEUR RETARD *n'a été motivé que par le surcroît de travail.*

NOUS AVONS RECOMMANDÉ A M. LE BARON J. DE LESSEPS et au général E. Mussali de vous prêter tout leur concours.

Nous avons pris connaissance des noms des personnes que vous avez nommées pour la commission des finances ET EN AVONS ÉTÉ SATISFAITS A TOUS ÉGARDS.—Nous espérons votre entier succès et votre prochain retour à Tunis, ainsi que de vos bonnes nouvelles.

Nous avons ordonné au général E. Mussali de s'entendre avec vous au sujet des traites fournies sur lui et non encore venues à échéance. Nous vous expédierons également les coupons que vous avez demandés. — Quant à la conversion de la dette intérieure, elle nous intéresse beaucoup, et quand vous serez à Tunis, nous espérons trouver un moyen qui conciliera tous les intérêts.

Écrit le 21 chaoual 1284.

Signé : MUSTAPHA,
premier ministre.

DOCUMENT N° 12.

Extrait de la liasse de dépêches déposées au secrétariat général du Comité.

Dépêche recommandée. Paris. Du Bardo. 1 — 103 — 15 — 5 — 33 — 5.

Premier ministre au directeur de la Banque de Crédit international, 48, rue Le Peletier, Paris; voie mixte; poste télégraphe.

Nous ordonnons *à M. le général Élias Mussali de signer les pièces, papiers à délivrer à la place des obligations anciennes pour lesquelles vous nous avez annoncé que le payement du coupon aurait lieu le* 15 *février courant, ainsi que* DE SIGNER TOUS LES PAPIERS NÉCESSAIRES; nous attendons que vous nous annonciez que le paiement dudit coupon a été fait ainsi que vous l'avez publié. Réponse immédiate télégraphique par voie mixte ou par Cagliari, par la voie la plus prompte.

20 février 1868.

DOCUMENT N° 13.

Installation officielle de la commission des finances tunisiennes.

Paris, 14 mars 1868.

Je soussigné, en vertu des instructions à moi transmises par mon gouvernement, prie :

MM. *L. Lefebvre Duruflé,* grand officier de la Légion d'honneur, sénateur, ancien ministre des travaux publics, de l'agriculture et du commerce;

Le vicomte de *Grandval,* officier de la Légion d'honneur, ancien officier d'état-major, administrateur des chemins de fer de Lille à Béthune;

Achille *Jubinal,* officier de la Légion d'honneur, député au Corps législatif;

Le vicomte de *Crézolles,* commandeur de l'ordre du Nicham (spécialement désigné par Son Altesse le Bey).

Le marquis de *Carbonnières,* commandeur de l'ordre d'Isabelle-la-Catholique, président du Comité des obligataires, propriétaire;

Le docteur *Ruffié,* de la Faculté de Paris, membre du Comité des obligataires;

Tallois, propriétaire, membre du Comité des obligataires;

De vouloir bien accepter leur nomination de membres de la Commission des finances tunisiennes, en attendant la ratification du gouvernement tunisien.

Le général S. directeur des Affaires étrangères de S. A. le Bey de Tunis.

E. MUSSALI.

DOCUMENT N° 14.

Lettre du premier ministre de S. A. le Bey au délégué du Comité.

11 mars 1868.

Nous avons reçu votre lettre du 17 février 1868 ; et avons appris avec bonheur tout ce que vous nous dites au sujet de la Conversion. Nous vous remercions de vos efforts tentés pour la justice. Nous vous recommandons de prêter aux contractants tout votre concours, afin que la réussite soit la seule réponse à faire à leurs adversaires. Nous vous promettons tout ce dont vous aurez besoin pour vaincre.

Signé : Mustapha,
Premier Ministre.

Lagny. — Imp. A. Varigault.

LAGNY. — IMP. DE A. VARIGAULT.

www.ingramcontent.com/pod-product-compliance
Ingram Content Group UK Ltd.
Pitfield, Milton Keynes, MK11 3LW, UK
UKHW020402220726
13923UKWH00004B/1697

9 782019 315511